BEI GRIN MACHT SICH IHR WISSEN BEZAHLT

- Wir veröffentlichen Ihre Hausarbeit,
  Bachelor- und Masterarbeit

- Ihr eigenes eBook und Buch -
  weltweit in allen wichtigen Shops

- Verdienen Sie an jedem Verkauf

Jetzt bei www.GRIN.com hochladen und kostenlos publizieren

Bibliografische Information der Deutschen Nationalbibliothek:

Die Deutsche Bibliothek verzeichnet diese Publikation in der Deutschen National-
bibliografie; detaillierte bibliografische Daten sind im Internet über http://dnb.d-
nb.de/ abrufbar.

Impressum:

Copyright © 2011 GRIN Verlag, Open Publishing GmbH
Druck und Bindung: Books on Demand GmbH, Norderstedt Germany
ISBN: 9783668420007

Dieses Buch bei GRIN:

http://www.grin.com/de/e-book/356005/nelson-mandela-als-suedafrikanische-ikone-
aus-deutscher-sicht

Theresa Hauff

Nelson Mandela als südafrikanische Ikone aus deutscher Sicht

GRIN Verlag

GRIN - Your knowledge has value

Der GRIN Verlag publiziert seit 1998 wissenschaftliche Arbeiten von Studenten, Hochschullehrern und anderen Akademikern als eBook und gedrucktes Buch. Die Verlagswebsite www.grin.com ist die ideale Plattform zur Veröffentlichung von Hausarbeiten, Abschlussarbeiten, wissenschaftlichen Aufsätzen, Dissertationen und Fachbüchern.

Besuchen Sie uns im Internet:

http://www.grin.com/

http://www.facebook.com/grincom

http://www.twitter.com/grin_com

Gymnasium Carolinum

Ansbach

Abiturjahrgang

2012

S E M I N A R A R B E I T

Rahmenthema des Wissenschaftspropädeutischen Seminars

Mythen in der Geschichte am Beispiel König Ludwig II. von Bayern

Leitfach: Geschichte

Thema der Arbeit:

Nelson Mandela als südafrikanische Ikone aus deutscher Sicht

Verfasserin:

Theresa Hauff

Abgabetermin: 08.11.11

Inhaltsverzeichnis

1   Nelson Mandelas Jugendzeit und politischer Aufstieg bis zur Ikone 3

2   Aktualität Nelson Mandelas als Ikone in Deutschland 4

    2.1 Auswertung des Fragebogens 4

    2.1.1 Menschen nach der Erlebnisgeneration 6

    2.1.2 Menschen der jungen Erlebnisgeneration 6

    2.1.3 Menschen der direkten Erlebnisgeneration 7

    2.1.4 Grundlage der damaligen Aktualität für den Informationsstand der jungen und direkten Erlebnisgeneration 8

    2.2 Vergleich mit Südafrika durch dortigen Fragebogen 9

    2.3 Heutige Aktualität anhand der Erscheinung in den Medien 10

3   Mythisierung 12

    3.1 Gründe für Nelson Mandelas Mythisierung 12

    3.1.1 Märchenhaftes Bild eines Prinzen 13

    3.1.2 Bild des Verhinderers eines Bürgerkriegs 13

    3.1.3 Märtyrerbild 14

    3.1.4 Gezeichnetes Bild in den Medien 15

    3.2 Unterschiede zwischen gezeichneter und reeller Person Mandelas 15

    3.2.1 Bekannte Seiten Nelson Mandelas 16

    3.2.2 Unbekannte Seiten Nelson Mandelas 16

4   Mythisierte Personen – auch unmythisiert ein Vorbild 18

5   Literaturverzeichnis 18

6   Anhang 20

1   Nelson Mandelas Jugendzeit und politischer Aufstieg bis zur Ikone

Jugendliche aus Europa und Amerika verbinden heutzutage mit Südafrika zwei Worte – Mandela und friedlicher Umbruch.[1] Doch wie gelangte der heute viel bewunderte Nelson Mandela zu solch einer Bekanntheit und ist die ihm entgegengebrachte Verehrung wirklich gerechtfertigt? Auf den folgenden Seiten soll diese Frage diskutiert werden. Das Hauptaugenmerk soll dabei auf der Aktualität der Ikone Nelson Mandelas in Deutschland und deren Mythisierung liegen. Denn obwohl auch noch 10 Jahre nach seinem Rückzug aus der Politik nicht nur Erwachsene, die den Umbruch in Südafrika teilweise noch verfolgen konnten, sondern auch Jugendliche auf der ganzen Welt seinen Namen kennen, bleibt gleichzeitig fragwürdig, ob sie wissen, von wem sie reden und die Hintergründe kennen.

Zu Anfang sei darauf hingewiesen, dass Nelson Mandela diese zukünftige Bekanntheit nicht schon seit seiner Geburt gegeben war. Der Hoffnungsträger der schwarzen Bevölkerung Südafrikas und die Symbolfigur der Anti-Apartheid-Bewegung wurde am 18. Juli 1918 als Sohn eines Häuptlings vom Tembu-Stamm, der zum Volk der Xhosa gehört, geboren. Ihm wurde der Name Rolihlahla gegeben, was mit der umgangssprachlichen Übersetzung „Unruhestifter" seinen späteren Werdegang gut vorauszudeuten scheint. Den britischen Namen Nelson erhielt er erst an seinem ersten Schultag in der kleinen Schule eines Nachbardorfes. Seine Kindheit und Jugend wurde entscheidend durch seine Zugehörigkeit zum Königshaus geprägt. Erst im Alter von 16 Jahren kam er auf einem Tembu-College mit der westlichen Kultur in Berührung. Mit seinem 5 Jahre späteren Wechsel an ein Missions-College, das als Treffpunkt für Akademiker aus ganz Afrika galt, ging er erstmals in Richtung der Opposition gegen die politische Vormachtstellung der Weißen in Südafrika. Während seinem dortigen Anwaltsstudium lernte er Oliver Tambo kennen, mit dem er später eine Kanzlei eröffnete und mit ihm als Präsident des ANC eng zusammen arbeitete. So begann Nelson Mandelas politischer Aufstieg 1944 mit dem Beitritt zum ANC und der Gründung dessen Jugendorganisation. In den folgenden Jahren sollte er sein Leben ausschließlich dem Kampf gegen die Apartheid widmen.[2]

Währenddessen erlangte Mandela nicht nur in Südafrika Popularität und Ansehen, sondern auf der ganzen Welt, auch in Deutschland. Dies ging einher mit einer umfassenden Ikonisierung, unter anderem begründet darin, dass durch die Medien nur ein einseitiges Bild, frei von Fehlern und Schwächen, gezeichnet wurde.

---

[1] vgl. Lucius, Robert von 2010, S. 7.
[2] vgl. Hagemann, Albrecht 2004, S. 14-39.

2 Aktualität Nelson Mandelas als Ikone in Deutschland

Dieses Problem der einseitigen Sichtweise herrscht vor allem in Ländern außerhalb Afrikas vor, da hier die Bücher, Filme und Zeitungsartikel für die breite Öffentlichkeit zu einem beträchtlichen Teil der Unterhaltung dienen sollen und so nicht nur sachliche Fakten dargelegt werden. So beweist auch ein Fragebogen, der zu diesem Zweck in der deutschen Kleinstadt Ansbach unter Menschen aller Altersgruppen und sozialen Gruppen durchgeführt wurde, die These: Menschen in Deutschland wissen kaum noch etwas über die Person Nelson Mandela, er besitzt somit auch nicht mehr die Aktualität wie zu Zeiten seines politischen Wirken und außerdem hinterließ er ein einseitiges, sehr positives Bild in den Köpfen der Menschen.

Der Fragebogen setzt sich aus zwei Teilen zusammen: Im ersten Teil wird das vorhandene Wissen über Nelson Mandela und die Apartheid abgefragt, wodurch ermittelt werden soll, wie aktuell das Thema noch ist. Im zweiten Teil wird mit den Befragten über ihre Meinung zum politischen Werk Mandelas und ihr Bild von ihm als Mensch gesprochen, um ihre Einstellung darüber zu erfahren, die sicher zum Großteil auf Berichte in den Medien zurückzuführen sind. Im Anhang befindet sich ein exemplarischer Fragebogen.[3]

Im Folgenden soll zunächst ein Überblick über die Ergebnisse des Fragebogens gegeben werden, dann wird genauer auf die Unterschiede der Ergebnisse bei den drei Generationen eingegangen. Am Ende der Auswertung des Fragebogens wird noch das Bild und die damaligen Informationen der Generation, welche den Freiheitskampf Mandelas in Südafrika direkt erlebte, behandelt. Ein anschließender Vergleich mit einem Fragebogen aus Südafrika, der ursprünglich das eigentliche Thema dieser Arbeit darstellen sollte, jedoch kein zufriedenstellendes Ergebnis brachte, soll die Unterschiede des Bildes und des Informationsstandes des Mythos Nelson Mandela in seinem Heimatland im Gegensatz zu dem in Deutschland aufzeigen. Als abschließender Punkt bei der Behandlung der Aktualität Nelson Mandelas in Deutschland wird seine heutige Erscheinung in den Medien dokumentiert, durch die auch die Befragten hauptsächlich beeinflusst werden.

2.1 *Auswertung des Fragebogens*

Es wurden 52 Personen aus sechs Altersgruppen (10-19, 20-29, 30-39, 40-49, 50-59, 60+) befragt. Im Folgenden werden sie zur Vereinfachung in drei Generationen unterteilt. Die Unterteilung orientiert sich am Zeitraum der Veränderungen in Südafrika, also den Jahren 1975-1990. Davon ausgehend wird im Folgenden von den Menschen „nach der

---

[3] vgl. Anlage 1

Erlebnisgeneration" (heute 10-19 und 20-29 Jährige), der „jungen Erlebnisgeneration" (heute 30-39 und 40-49 Jährige) und der „direkten Erlebnisgeneration" (heute 50-59 und über 60 Jährige) gesprochen.

Von allen Befragten aus allen Altersgruppen wussten 40% überhaupt nicht, wer Nelson Mandela ist, wobei alle betonten, den Namen schon „irgendwo mal gehört" zu haben. Dies ist der Fall, da dieser Name hauptsächlich in den 1980er und 1990er Jahren sehr großes Aufsehen in Deutschland verursacht hat, sicher auch heute noch gelegentlich durch die Medien geht, und dennoch kaum noch das differenzierte Interesse der Menschen weckt, da der Held des Freiheitskampfes und sein Land Südafrika mit seiner offiziell vergangenen Apartheid einfach kein brisantes sondern eher geschichtliches Thema darstellen.

Interessant ist, dass wirklich alle Befragten, die etwas zu Nelson Mandela und den geschichtlichen Hintergründen wissen, ausschließlich positive Eigenschaften, Taten und Ereignisse aus seinem Leben aufzählen können. Auf die Frage, was für negative Eigenschaften Nelson Mandela hätte, wurde meist damit geantwortet, dass kein Mensch fehlerlos sei - doch von dieser Ikone scheint nur Gutes in den Köpfen der Menschen hängen geblieben zu sein. Zu den unbekannten und bekannten Seiten Mandelas später mehr.

Zu der Einschätzung der Befragten, wie sehr sich die Situation seit der Abschaffung der Apartheid in Südafrika verbesserte hat, ist zu sagen, dass mit steigendem Alter der Befragten, auch deren Skepsis steigt, dass die Apartheid nicht nur oberflächlich und offiziell abgeschafft wurde. Dies ist auf deren Wissen als Erlebnisgeneration zurückzuführen, jedoch sicherlich auch auf einen gewissen Pessimismus oder auch Realismus.

Es fällt eindeutig auf, dass die Ikone Nelson Mandela auch in Deutschland zu seiner Wirkungszeit eine vieldiskutierte und ausschließlich bewunderte Persönlichkeit war. Jetzt, mehr als zehn Jahre später, scheint sie jedoch kaum noch aktuell zu sein.

Im Folgenden soll nochmals kurz näher auf die befragten Altersgruppen eingegangen werden, wobei hier jeweils deren Alter zwischen den Jahren 1975 und 1990, da in diesen Jahren der Mythos um Nelson Mandela gebildet wurde, zur Begründung ihres Wissens- und Meinungsstandes beachtet wird. Denn, wie anhand des Fragebogens deutlich erkennbar, zeigten die Menschen je nach dem typischen Verhalten in den verschiedenen Lebensphasen, auch verschieden großes Interesse an der Thematik der behandelten Geschehnisse in Südafrika und der Person Nelson Mandela.

2.1.1 Menschen nach der Erlebnisgeneration

Bei den Befragten zwischen 10 und 29 Jahren,[4] scheint die Person Nelson Mandela und sein Freiheitskampf in Südafrika längst vergangene Geschichte zu sein, denn sie haben keinen Bezug mehr zu diesem Thema. In dieser Altersgruppe wissen ganze 44% überhaupt nicht wer Nelson Mandela und die Apartheid, die er offiziell abschaffte, war. Auch viele der übrigen 56%, die aus der Schule die wichtigsten Eckdaten zur südafrikanischen Geschichte kennen, zeigen mit Kommentaren wie „er hätte sich nicht verhaften lassen sollen"[5] und unangebrachten, respektlosen Antworten auf die Fragen, dass sie keinen Bezug mehr zu diesem Thema aufgebaut haben. Zieht man hier die Entwicklungsaufgaben nach Havighurst, einem anerkannten Psychologen, in Betrachtung ein, ist das Desinteresse der meisten Jugendlichen auf Ablenkung durch die physische Reifung, kulturellen Druck und gesellschaftliche Erwartungen und mit der Beschäftigung mit den individuellen Zielsetzungen und Werten zurückzuführen.[6] Natürlich ist und bleibt das Kinder- und Jugendalter die beste Lebensphase des Lernens, doch ist dies ohne Bedeutung, sobald Desinteresse gezeigt wird. Dies scheint beim Großteil der Betroffenen in Bezug auf Geschichte an sich und somit auch die „geschichtliche" Person Nelson Mandela der Fall zu sein.

2.1.2 Menschen der jungen Erlebnisgeneration

Auffällig ist auf jeden Fall, dass die Menschen, die heute zwischen 30 und 49 Jahre alt sind[7], im Gegensatz zu allen anderen, die meisten Informationen zu Nelson Mandela und seinen Veränderungen in Südafrika haben. Diese Tatsache lässt sich ganz einfach darauf zurückzuführen, dass die eine Hälfte dieser Personengruppe sich in den Jahren zwischen der Freilassung Mandelas und seiner Amtszeit als Präsident Südafrikas (1990-1999), im Kinder- und Jugendalter befanden, die andere Hälfte diese Phase schon während seiner Gefangenschaft durchlebt hatte und dann in den Lebensphasen der Berufsausbildung bis zum Erwerbsleben steckte. Für diejenige, die zwischen 1990 und 1999 im Kinder- und Jugendalter waren, stellte Nelson Mandela, anders als bei den gerade behandelten Menschen nach der Erlebnisgeneration, keine geschichtliche Person, sondern einen Held, der um Freiheit und Gleichberechtigung kämpfte und somit ein brisantes und sehr interessantes, da aktuelles, Thema dar. Die anderen, profitierten von diesem Interesse schon zur Zeit seiner Gefangenschaft und durchlebten dann zwischen 1990 und 1999 die Lebensphasen der

---

[4] vgl. Fragebogen 1-18
[5] vgl. Fragebogen 6 und 7
[6] vgl. Oerter, Rolf; Dreher, Eva 2002, S. 268.
[7] vgl. Fragebogen 19-29

Berufsausbildung bis zum Erwerbsleben, in denen sie nach Havighurst die meisten soziokulturellen Aufgaben bewältigten, unter die eben auch fällt, Werte, sozial verantwortliches Verhalten und ein ethisches System zu erlangen, somit also eine Ideologie zu entwickeln.[8] Außerdem finden im jungen Erwachsenenalter soziale Platzierungen in der Gesellschaft statt, die auch durch die aktive Teilnahme in sozialen und gesellschaftlichen Gruppen markiert sein können und in dieser Lebensphase ein wichtiges Element darstellen.[9] In diesen beiden Lebensphasen ist das Interesse am gesamten und besonders am politischen Weltgeschehen um einiges größer als in anderen. Obwohl sie Mandelas Kampf gegen die Apartheid nicht direkt mitbekamen, da sie nicht von Anfang an in einem Alter waren um dies zu begreifen, wurde ihr Interesse an diesem Thema sicher spätestens in seiner Amtszeit als erster schwarzer Präsident in Südafrika geweckt, wodurch sie zum Beispiel auch in der Schule einige Informationen darüber sammelten.

2.1.3 *Menschen der direkten Erlebnisgeneration*

Diese Altersgruppe, deren Mitglieder heute älter als 50 Jahre sind[10], zeichnet sich durch ihre große Skepsis aus, die aber nicht nur auf fundiertem Wissen aufbaut, sondern auch durch Pessimismus oder auch Realismus: „Es gibt immer Verbesserung!"[11] Dieses Phänomen ist typisch für die Nachkriegsgeneration, die lernte, keinem Frieden zu trauen. Überaschenderweise wissen jedoch in dieser direkten Erlebnisgeneration kaum mehr Menschen als die Menschen nach der Erlebnisgeneration, wer Nelson Mandela und was die Apartheid war. Jene knappen 57%, die dies wissen, haben wiederum einen sehr guten Informationsstand und können meist einen ausführlichen Meinungsstand beschreiben. Dieses Unwissen vieler Befragten aus der direkten Erlebnisgeneration ist womöglich darauf zurückzuführen, dass sie sich zum Zeitpunkt der Veränderungen in Südafrika schon in einer Lebensphase, in der der Bedarf an Kultur zum Gewinn an Entwicklung stark zunimmt, jedoch die Effizienz der gleichen kulturellen Ressourcen abnimmt, befanden.[12] Ältere Erwachsene benötigen mehr Informationen und mehr Zeit als jüngere, um diese in ihrem Gehirn zu festigen und somit ein hohes Funktionsniveau dieser Informationen zu erzeugen. Dieses Niveau liegt bei älteren Erwachsenen auch ungleich niedriger als bei jüngeren Erwachsenen.[13] Auf den ersten Blick erscheint zwar verwunderlich, dass durch diese Erkenntnis die direkte

---

[8] vgl. Oerter, Rolf; Dreher, Eva 2002, S. 269.
[9] vgl. Krampen, Günter; Reichle, Barbara 2002, S. 348-349.
[10] vgl. Fragebogen 30-52
[11] vgl. Fragebogen 33, 40, 45, 51
[12] vgl. Lindenberg, Ulman 2002, S.352.
[13] vgl. Baltes, Paul B.; Kliegl, Reinhold 1992, S. 121-125.

Erlebnisgeneration im Vergleich zu der jungen Erlebnisgeneration weniger weiß, jedoch ist diese Tatsache auch durch den Einfluss der Medien zu erklären.

2.1.4 *Grundlage der damaligen Aktualität für den Informationsstand der jungen und direkten Erlebnisgeneration*

Anhand zahlreicher Bücher, die auch in Deutschland hauptsächlich im Zeitraum von 1980 – 1999 über Nelson Mandela und sein Wirken erschienen, kann man erkennen, wie interessiert die ganze Welt damals auf die Entwicklungen Südafrikas blickte und diese zu verfolgen versuchten. Schon 1964 schrieb die Londoner *Times* in einem Kommentar „Vor der Geschichte wird sich erweisen, dass die eigentlichen Schuldigen in der Regierung sitzen – die Weltöffentlichkeit sieht dies schon heute so". „Die meisten Menschen", wusste auch die *New York Times* damals bereits, „betrachten die verurteilten Männer als Helden und Freiheitskämpfer"[14]. So wurde den Menschen von den Medien seit Beginn des südafrikanischen Befreiungskampfes ein ausschließlich positives Bild des Kopfes der Bewegung Nelson Mandela geboten.

Auch Nelson Mandelas erstes Buch „Der Kampf ist mein Leben" war dabei sicher eine sehr prägende Quelle. Diese Sammlung von Originalreden und Schriften Nelson Mandelas zeigte erstmals in gebündelter Weise das Bild einer friedvollen, gerechten, für das Gemeinwohl kämpfenden und sich selbst zurücknehmenden Ikone. Zwar wurden hier auch zwei Reden zum Thema „Bewaffneter Kampf" veröffentlicht, doch wird in gerade diesen Reden auch immer betont, „dass die bedeutendsten nationalen Befreiungsbewegungen in diesem Land bisher stets für eine Politik der Gewaltfreiheit eingetreten sind."[15] So wurde die Gewaltbereitschaft des ANC immer kleingeredet und in den Hintergrund gerückt, wodurch das Bild des friedlichen Befreiungskampes aufrecht erhalten wurde. Auch wird hier in Worte gefasst, was sein Name damals und auch heute noch in den Köpfen der informierten Bevölkerung auslöste: „Als Einzelpersönlichkeit ist er wahrscheinlich das lebendige Symbol nicht nur der Befreiung von der Gewaltherrschaft der Apartheid, sondern auch eines neuen Lebens in Südafrika".[16] Doch geriet Nelson Mandela in den letzten Jahren auch deutlich in Vergessenheit, da außer wenigen kurzen Zeitungsartikeln an seinen Geburtstagen oder ähnlichen unpolitischen Gelegenheiten nichts mehr von dem großen Mythos zu hören ist.[17]

---

[14] Mandela, Nelson 1986, S.7.
[15] vgl. Mandela, Nelson 1986, S.195.
[16] Mandela, Nelson 1986, S.105.
[17] vgl. Anlage 2

Dennoch bewahrte diese Generation sich ihr Bild Nelson Mandelas als großes Vorbild, nicht nur wegen der menschlichen Stärke, die er durch Verzeihen und Versöhnung zeigte, sondern auch als Führer, der weiß was er will und sein Ziel nie aus den Augen verliert.[18]

2.2 *Vergleich mit Südafrika durch dortigen Fragebogen*

Zu Beginn der Beschäftigung mit der Ikone Nelson Mandela sollte das eigentliche Ziel der Arbeit werden, das Erscheinungsbild und die Mythisierung in seinem Wirkungsland Südafrika genauer zu beleuchten, da er dort eine sehr viel wichtigere Rolle spielte und so seine Erhebung ungleich viel größer ist. Jedoch war dies aufgrund unzureichender Rückmeldungen durch einen Fragebogen, der von 50 südafrikanischen Jugendlichen ausgefüllt werden sollte, nicht möglich. So scheiterten die Bemühungen um diese Umfrage am Desinteresse der südafrikanischen Jugendlichen an Nelson Mandela und seinem historischen Wirken in Südafrika. Das Interesse an solch einer Umfrage als Anregung für die vorliegende Auseinandersetzung mit der Ikone Nelson Mandela entstand durch persönliche Gespräche mit südafrikanischen Jugendlichen, bei denen viele verschiedene Stimmen über ihn laut wurden, was sehr überraschte. So soll im Folgenden kurz das Ergebnis des Fragebogens in Deutschland mit den wenigen Antworten aus Südafrika verglichen werden, wobei dabei selbstverständlich die dünne Beweislage auf Seiten des in Südafrika durchgeführten Fragebogens beachtet werden muss.

Eine Gemeinsamkeit ist, dass die Bewegung des Vergessens in Südafrika ebenso wie in Deutschland fortschreitet. Es scheint kaum noch über ihn diskutiert zu werden, in den Medien erscheinen wie in Deutschland auch nur noch Berichte über den Privatmann. Die wenigen Rückmeldungen des Fragebogens aus Südafrika lassen vermuten, dass selbst in Südafrika nur noch wenig über ihn und die Geschichte um ihn bekannt ist und kaum noch Interesse besteht. Natürlich haben auch sie ein hauptsächlich positives Bild von ihm, doch ist den heutigen Südafrikanern deutlich bewusst, dass auch er kein „gottesähnlicher"[19] Mann ist.

Interessant ist auch die Tatsache, dass es keinen Unterschied zwischen den Meinungen der dunkelhäutigen und der hellhäutigen Bevölkerung in Bezug auf Nelson Mandela in den vorliegenden Fragebögen gibt. Beide Gruppen sind überzeugt von ihrem Staatsheld und sehr dankbar für sein Wirken gegen die Apartheid. Auch diese Tatsache, dass Mandela es schaffte, auch die hellhäutige Bevölkerung auf seine Seite zu ziehen und nicht zu Feinden zu machen, ist sicher auch ein Grund für seine Mythisierung, davon jedoch später mehr.

---

[18] vgl. Fragebogen 20 und 22
[19] vgl. Fragebogen C

Andererseits gibt es aber auch die negative Meinung über die Abschaffung der Apartheid: Sie hätte „im Kern geendet, doch nicht im Kopf."[20] Diese Meinung äußerten zwar auch einige der deutschen Befragten, doch scheint es dort nur ein pessimistischer Satz neben vielen positiven zu sein. An dieser Stelle jedoch ist es der persönlich erfahrene Realismus, was den größten Unterschied zwischen der Aktualität Nelson Mandelas in Südafrika und Deutschland macht: kein Buch, kein Medienbericht oder sonst irgendetwas kann die heutige Situation in Südafrika so genau erklären wie sie die Südafrikaner täglich erleben. Im täglichen Leben steckt in Südafrika die größte Aktualität Nelson Mandelas, denn die Frage, was er wirklich verändert habe, bleibt.

2.3 *Heutige Aktualität anhand der Erscheinung in den Medien*

Heutzutage ist das Interesse an der früher gefeierten Ikone Nelson Mandela kaum noch vorhanden. Nach seinem Rücktritt als südafrikanischer Präsident 1999 hielt er sich mit einschlägigen öffentlichen Äußerungen zurück und machte nur 2004 nochmals auf politischer Ebene Schlagzeilen, da er die Irakpolitik der USA und Großbritanniens aufs äußerste kritisierte. So zeigte er eine selten durch die Medien verbreitete öffentlich, kritische Seite seiner selbst, als er erklärte: „Wenn es ein Land gibt, das auf der Erde unaussprechliche Grausamkeiten begangen hat, sind es die Vereinigten Staaten. Menschen interessieren sie nicht."[21] Auch bescheinigte er in selbiger Rede dem damaligen amerikanischen Präsidenten George W. Bush Defizite im Denken, was für den Geschmack mancher Beobachter erstmals ein wenig zu weit ging.

Ansonsten ist es jedoch sehr ruhig um ihn geworden. Jährlich erscheinen zum Geburtstag des „Nationalidols" Artikel in den Zeitungen, in denen die Rede von „Geburtstagsständchen" und einem „Tag im Familienkreis" ist.[22] Diesen Tag verbringt er meist in seiner Heimat Transkei, wo er sich nach seiner Haftentlassung schon einen Altersruhesitz nach einfachen Bauplänen des Hauses eines Gefängniswärters errichten ließ und damit einen Gegensatz zu anderen gefeierten Ikonen in ihren großen Villen bildet.[23]

Gelegentlich berichten die Medien auch noch von Mandelas öffentlichem Wirken in seinem Lebensabend durch drei von ihm initiierten Stiftungen, der Nelson Mandela Foundation, deren Arbeit sich auf die Bekämpfung der AIDS-Pandemie konzentriert, dem Nelson Mandela Children's Fund, der sich auf die Unterstützung von AIDS-Waisen spezialisiert hat,

---

[20] vgl. Fragebogen B
[21] Hagemann, Albrecht 2004, S.178.
[22] vgl. Anlage 2
[23] vgl. Hagemann, Albrecht 2004, S. 128.

und der Mandela Rhodes Foundation, die sich zum Ziel setzt, die unterschiedlichen Kulturen und Traditionen Südafrikas durch die Vergabe von Stipendien miteinander zu versöhnen.[24] In seinem neusten Buch „Bekenntnisse", das wieder einmal eine Sammlung von Briefen, Tagebucheinträge und Aufzeichnungen von Unterhaltungen ist, versucht Mandela sein „privates Archiv" zu öffnen. Er möchte als Mensch gesehen werden, mit Fehlern und Schwächen, „weder Ikone noch Heiliger. Hier ist er Mensch. [...] direkt, klar, privat" – wie es schon im Klappentext heißt.[25] Doch genau auf Grund dieser Bemühungen, auf keinen Fall abgehoben zu wirken und den Lesern somit näher zu sein, wird noch mehr Bewunderung ausgelöst, die Legende des großen, pazifistischen, menschlichen Freiheitskämpfers in ihm vergrößert.

Diese wenigen Informationen, die heutzutage noch über den Privatmann Nelson Mandela an die Öffentlichkeit dringen, zeichnen wiederum ein ganz neues Bild von ihm: Das, eines ruhigen, friedvollen und respektvollen alten Mannes, der mit sich und der Welt im Reinen ist. Die Tatsache, dass Barack Obama, der aktuelle Präsident der Vereinigten Staaten von Amerika ein vierseitiges Vorwort zu diesem Buch schrieb, lässt auf die geschichtliche Bedeutung Mandelas schließen. Obama stellt darin fest, dass er für die meisten Menschen immer mehr war als ein Mensch: „ein Symbol des Kampfes und der Gerechtigkeit, Gleichberechtigung und Würde in Südafrika und auf der ganzen Welt."[26] Außerdem betont er das persönliche Opfer Nelson Mandelas und seine damit verbundene Hochachtung, Verehrung und Demut vor ihm. Und wenn selbst Barack Obama, der in unsrer heutigen Gesellschaft sehr hoch geschätzt wird, so etwas schreibt, hat das sicherlich Gewicht und erhöht Nelson Mandela somit nochmals. Die Fehler und Schwächen, die Mandela in diesem Buch auch zu Zwecken der Entmythologisierung erwähnt, nennt Barack Obama als Ansporn. So zerstört er den von Mandela angestrebten Zweck und unterstützt die Mythisierun, zeigt den Lesern, wie bewundernswert Nelson Mandela sei.

„Es gibt immer Momente, in denen die Güte, der Edelmut und die Weisheit dieses Mannes aufscheinen. In diesen Augenblicken wird mir wieder bewusst, dass hinter der historischen Entwicklung ein Mensch stand, der sich dafür entschied, der Hoffnung den Vorzug zu geben vor der Angst [...]. Und ich erkenne, dass diesem Mann – Nelson

---

[24] vgl. Hagemann, Albrecht 2004, S.181.
[25] vgl. Mandela, Nelson 2010, Klappentext.
[26] Mandela, Nelson 2010, Vorwort.

Mandela -, auch nachdem er mittlerweile zu einer Legende geworden ist, umso mehr Respekt gebührt".[27]

Und obwohl er immer mehr in Vergessenheit gerät, scheint die Mythisierung der Ikone mit den Jahren weiter fortzuschreiten. So geraten die schlechten Eigenschaften durch die Unterrepräsentation in den Medien in Vergessenheit, wo zeitgleich die guten Eigenschaften betont werden und den Menschen immer wieder vor Augen geführt werden. Beispielsweise schrieb beispielsweise Robert von Lucius noch 2006 über Mandelas Buch „Der lange Weg zur Freiheit" in der „Frankfurter Allgemeine Zeitung":

> „Nicht wenige halten Nelson Mandela für den berühmtesten lebenden Menschen. Tatsächlich zeigen seine Erinnerungen eindrucksvoll seine menschliche Größe und sein intellektuelles Format, die Wurzeln einer Haltung des Verzeihens und der Versöhnung, welche Südafrika vor dem Bürgerkrieg bewahrte."[28]

3 Mythisierung

Nach der Erkenntnis, dass Nelson Mandela zur Zeit seiner politischen Aktivität auch in Deutschland ein vieldiskutierter und bewunderter Mann war und er somit sehr stark mythisiert wurde, sollen im Folgenden nun vier beispielhafte Gründe für diese Mythisierung skizziert werden. Daraufhin wird abschließend noch das Bild der mythisierten, gezeichneten Person Nelson Mandelas mit der reellen verglichen und beide klar getrennt dargestellt. Bei der gezeichneten Darstellung sollen die unbekannten und die betonten Seiten Mandelas genannt werden, mit denen die Medien das Bild der Menschen von der Ikone stark beeinflussten.

3.1 Gründe für Nelson Mandelas Mythisierung

Ein Mythos ist nach der altgriechischen Übersetzung eine Verknüpfung von Geschichten mit denen Menschen und Kulturen ihr Welt- und Selbstverständnis zum Ausdruck bringen. So kommt der von Mythen erhobene Wahrheitsanspruch zustande, der je nach Standpunkt berechtigt ist, wenn sie auf Traditionen oder Konsens gestützt sind, oder unberechtigt, wenn sie auf Gerüchten und Lügengeschichten beruhen. Daher gibt es schon seit der griechischen Aufklärung Kritik an diesem Wahrheitsanspruch, der hauptsächlich von den Menschen gebildet wird, um eine Projektionsfläche für ihre Urängste und –hoffnungen zu erzeugen.

---

[27] Mandela, Nelson 2010, Vorwort.
[28] vgl. Mandela, Nelson 2007, Klappentext.

Roland Barthes, ein französischer Philosoph drückte diese Definition 1957 wie folgt aus: „Der Mythos verbirgt nichts und stellt nichts zur Schau. Er deformiert. Der Mythos ist weder eine Lüge noch ein Geständnis. Er ist eine Abwandlung."[29]

Bezogen auf Nelson Mandela gibt es viele Gründe für seine Entwicklung zum Mythos.

3.1.1 *Märchenhaftes Bild eines Prinzen*

Zunächst wäre seine Herkunft aus dem Königshaus des Thembustammes, der zum Xhosa-Volk gehört, zu nennen. Schon allein diese Tatsache gibt den Menschen, die davon wissen, das Bild eines Prinzen, eines Helden, obwohl Mandela innerhalb der Thembu-Monarchie Angehöriger des sogenannten Hauses „Linker Hand" war, das nur für die Beratung des Monarchen verantwortlich war und nicht selbst den König stellen kann.[30] Dazu kommt, dass er nach dem Tod seines Vaters, als er neun Jahre alt war, vormundschaftlich vom Regenten des Thembulandes erzogen wurde und eine überdurchschnittlich gute Bildung genießen konnte.

In Südafrika ist solch eine Herkunft noch sehr wichtig und lässt die Menschen schon allein deshalb zu Mandela aufschauen und ihn verherrlichen. Eben diese Südafrikaner formten auch den Mythos, der in die ganze Welt hinausgetragen wurde, wobei nur noch die Wenigsten die genauen Hintergründe dafür kennen.

3.1.2 *Bild des Verhinderers eines Bürgerkriegs*

Mandela bekam 1993 zusammen mit Frederik Willem de Klerk den Friedensnobelpreis „für ihren Beitrag zur Beendigung der Apartheid in Südafrika"[31] verliehen. Dieser Preis wird, wie sein Stifter Alfred Nobel festsetzte, immer demjenigen verliehen, der „im vergangenen Jahr der Menschheit den größten Nutzen erbracht" hat. [32] So ist diese Bezeichnung allein eine äußerst große Ehre, die Mandela weiter erhöhte. Er erhielt diese Ehrung hauptsächlich aufgrund seiner Haltung des Verzeihens und der Versöhnung, die er für die meisten Menschen völlig unverständlich ungeachtet seines erlittenen Unrechts immer konsequent beibehielt und somit maßgeblich einen sicher geglaubten Bürgerkrieg durch den Wechsel vom Apartheidstaat zur Demokratie zwischen den weißen und schwarzen Südafrikanern verhinderte. So notierte Mandela sich um 1993, für wie wichtig er es hielt, durch Disziplin,

---

[29] Wikipedia: Mythos (Stand 23.10.2011).
[30] vgl. Hagemann, Albrecht 2004, S.14.
[31] Wikipedia: Liste der Friedensnobelpreisträger (Stand 31.10.2011).
[32] Wikipedia: Friedensnobelpreis (Stand 31.10.2011).

Versöhnung und Verzeihen den Friedensprozess weiterzubringen um einen Bürgerkrieg in jedem Fall zu verhindern:

> „Unsere Stärke liegt in der Disziplin. Recht auf friedliche Demonstrationen[.] Es war ein Verbrechen. Kräfte für die Demokratie. Keine Rache. In Bereitschaft bleiben[.] Was wir auch tun, muss innerhalb des Friedensprozesses geschehen. Wir dürfen nicht zulassen, dass man uns eine Verletzung des Friedensprozesses vorwirft.“[33]

Diese Stärke wird von jedem Mensch so bewundert, da nach Erlebnissen, wie Mandela sie machte, Verzeihen ein überaus schwieriger Prozess ist. Dadurch und durch sein großes diplomatisches Geschick und die Fähigkeit, seine Gegner zu bezwingen, ohne sie zu entehren, wurde von der Gegenseite schnell Vertrauen gefasst und der Bürgerkrieg verhindert.

3.1.3 Märtyrerbild

Zu diesem Verhinderer eines Bürgerkriegs und dem Prinzen kommt als Mythisierungsgrund noch seine Märtyrerfunktion. Dieses Märtyrerbild entstand zunächst durch die 1960 beginnende Arbeit im Untergrund, da der ANC durch die Regierung verboten worden war. Durch Mandelas Verhaftung 1964 und seine folgende 28jährige Inhaftierung auf Robben Island, die er ertrug und sein Interesse nie in den Vordergrund stellte, erreichte dieses Bild seinen Höhepunkt. Dass ihm der Kampf gegen die Apartheid wichtiger war als frei zu kommen, bewies er durch die Ablehnung eines Angebots zur Freilassung, mit dem Präsident Botha 1985 nach vorn flüchtete, da dieses an die Bedingung geknüpft war, auf den bewaffneten Kampf zu verzichten. Auch die fünf Jahre später erfolgende überraschende Freilassung eines vergebenden, auf Versöhnung appellierenden Mandelas schaffte Bewunderung und eine umfassende Mythisierung der Lichtgestalt, da solch ein Verhalten nach derartigen Erlebnissen nicht nachvollziehbar ist. Die Umstände, die zu der Freilassung führten, waren nicht Folge des bewaffneten Kampfes des ANC, sondern Folge der auf hoher Ebene geführten Gespräche Mandelas mit einem ausnahmslos aus weißen Politikern bestehenden Sonderkomitees und später Präsident Frederik Willem de Klerk persönlich.[34] Der damalige Justizminister Coetsee, der eine wichtige Rolle bei den Verhandlungen zur Freilassung Mandelas spielte, meinte dazu auch, Mandela habe immer darauf bestanden, „dass die anderen zuerst freigelassen wurden [...]. Er war wie der Kapitän eines Schiffes. Er

---

[33] Mandela, Nelson 2010, S. 337.
[34] vgl. Hagemann, Albrecht 2004, Seite 94-138.

wollte sie sicher draußen wissen, bevor er selbst ging."[35] So fließen noch die Eigenschaften Selbstlosigkeit und Führerverantwortung in das Bild der Öffentlichkeit ein.

3.1.4 *Gezeichnetes Bild in den Medien*

Ein in Deutschland äußerst wichtiger Grund für die Mythisierung war sicherlich seine Darstellung in den Medien, in denen beispielsweise auch Mandelas Märtyrerfunktion und das Bild des Verhinderers eines Bürgerkriegs verstärkt dargestellt wurden. Mandela stärkte seine Position, indem er Zorn verbarg und sich selbst sehr gut in der Öffentlichkeit zu präsentieren wusste. Auch wenn er privat litt, als Beispiel seien die Probleme mit seiner ersten Frau genannt, wusste er, dass er seine Gefühle in der Öffentlichkeit nie zeigen durfte. So war er in den Medien immer der nette, ruhige, ausgeglichene ältere Staatsmann.

Er wusste sein Lächeln einzusetzen, das auf jedem Cover seiner Bücher groß abgedruckt ist und ihm als Maske seine Verletzungen und Traurigkeiten verbarg, gleichzeitig aber auch offen wirken sollte. So steht sein Lächeln als Sinnbild dafür, wie er sich selbst formte und festlegte, wer er war und was er der Öffentlichkeit für ein Bild von sich liefern wollte.[36] „Mandela formte sein Bild in der Öffentlichkeit anders als viele andere Ikonen hauptsächlich selbst und sehr bewusst."[37]

3.2 *Unterschiede zwischen gezeichneter und reeller Person Mandelas*

Nelson Mandela und seine Stiftung waren schon immer um „Entmythologisierungs-Arbeit" bemüht. „Schon im Gefängnis hat mich tief beunruhigt, dass ich der Außenwelt das Bild eines Heiligen vermittelt habe. Das war ich aber nie. Nicht einmal, wenn man unter einem Heiligen einen sich ständig bemühenden Sünder versteht."[38], vermerkte der Ex-Präsident bei einem Gespräch über sein Buch „Bekenntnisse", den neusten Versuch sein vergoldetes Image aufzubrechen. Dieser Sammelband erschien in 22 Ländern, und soll Mandela wie schon erwähnt von einer ganz anderen Seite zeigen. Als einen von Vorwürfen gemarterten Menschen, der sich nicht genug um seine Familie kümmern konnte und seine juristischen Prüfungen nicht bestand, weil er auf der Gefängnisinsel vor lauter Politisiererei nicht zum Studieren kam.

Doch ist auch dies ein von Mandela gezeichnetes durch die Medien verbreitetes Bild. Es ist wohl nur nahen Familienmitgliedern und guten Freunden möglich, ihn so natürlich zu erleben,

---

[35] Hagemann, Albrecht 2004, Seite 138.
[36] vgl. Stengel, Richard 2010, S.109-110.
[37] Stengel, Richard 2010, S.105.
[38] Dieterich, Johannes: Banal bis herzzerreißend (Stand 8.10.2011).

wie er nur sein kann, wenn er keinen Druck von außen verspürt und sich unbeobachtet fühlt. Durch diese Angespanntheit und seine außerordentliche Disziplin schaffte er es, sich kaum einen Fehltritt zu erlauben und die Ikonisierung zum fehlerlosen, perfekten Menschen voranzutreiben. Da dies jedoch auch nicht seinem Anspruch auf Wahrheit ohne Beschönigungen gerecht wird, betonte er schon von Anfang an seiner Karriere seine eigenen Fehler und Schwächen.

3.2.1 *Bekannte Seiten Nelson Mandelas*

Nelson Mandelas betonte Seiten lassen sich zunächst gut aus den schon erwähnten Fragebögen aus Südafrika und Deutschland über ihn ablesen.[39] Von politisch interessanten Eigenschaften, wie entschlossen, fair, kämpferisch, engagiert, friedfertig und vergebungsvoll bis hin zu gänzlich privaten Eigenschaften wie sympathisch, weise, großzügig, aufgeschlossen, gütig, liebevoll, hilfsbereit und geduldig, wurden von den Befragten alle denkbaren positiven Eigenschaften genannt. Diese Aussagen erwecken den Anschein, die Befragten hätten Mandela persönlich gekannt. Sogar Bezeichnungen, die in den Köpfen der Menschen als Inbegriffe eines guten Menschen gelten, beispielsweise er sei ein Freiheitskämpfer, Vertreter für Schwarze und Friedensnobelpreisträger, wurden Nelson Mandela als positive Eigenschaften angeheftet. So wird deutlich, dass den Vorstellungen der Menschen von ihrer Ikone keine Grenzen gesetzt werden. Durch die Medien kommen immer neue, noch glänzender Eigenschaften hinzu, was niemanden angesichts solch einer perfekten Person zu wundern scheint.

3.2.2 *Unbekannte Seiten Nelson Mandelas*

Unbekannte Seiten Nelson Mandelas, die er selbst des Öfteren betonte, waren beispielsweise Arroganz, Kurzsichtigkeit, Rachsucht und Bitterkeit. Da jedoch in der Öffentlichkeit der Fokus ausschließlich auf die positiven Eigenschaften einer Ikone gelegt wird, bleiben diese negativen Eigenschaften, die ebenfalls jeder Mensch in sich trägt, weitgehend unbekannt. So konnten im anfangs erwähnt und behandelten Fragebogen, im Gegensatz zu den vielen positiven Eigenschaften, kaum einer eine schlechte Eigenschaft Mandelas benennen. Nur in einem südafrikanischen Fragebogen[40] wurde erwähnt, dass er nicht gottesähnlich sei und als Führer des ANC verantwortlich für viele tausend Tote, meist schwarzer Südafrikaner. Damit wurde eine sehr wichtige, da heutzutage größtenteils unbekannte, Vergangenheit Mandelas angesprochen. Denn er galt nicht schon immer als pazifistischer Freiheitskämpfer, sondern wurde zu seiner aktiven Zeit im ANC, der durch die Regierungspropaganda Pretorias ebenso

---

[39] vgl. Anlage 1
[40] vgl. Fragebogen C

16

als „kommunistische Terrororganisation"[41] galt, unter anderem in den USA als mutmaßlicher Terrorist angesehen. Denn wie die wenigsten Menschen wissen, drängte gerade er 1961 den ANC zum bewaffneten Widerstand. So wurde durch Sabotageakte die Entstehung des bewaffneten Flügels des ANC, „Umkhonto we Sizwe" (Speer der Nation, angekündigt. In dem Manifest, das als Flugblatt verteilt wurde, wird dessen Gründung so gerechtfertigt:

„Die Regierung hat die Friedfertigkeit der Bewegung als Schwäche interpretiert; die Politik der Gewaltfreiheit wurde von ihr als Freibrief für eigene Gewaltakte genommen. Die Weigerung, gewaltsame Mittel einzusetzen, wurde von der Regierung als Aufforderung interpretiert, mit bewaffneter Gewalt gegen die Bevölkerung vorzugehen, ohne Angst vor Vergeltung haben zu müssen."[42]

Durch diese Erklärung widerspricht der ANC, und vor allem Nelson Mandela all seinen vorherigen Erklärungen für Gewaltlosigkeit, um das Leid der Menschen nicht zu verschlimmern und sieht nur die Möglichkeit, Gleiches mit Gleichem zu vergelten und Rache zu üben. Im Nachhinein stellte sich dieser Wandel zwar nicht als folgenschwerer Fehler heraus, doch wurde dadurch die Glaubhaftigkeit verringert und es ist verwunderlich, wie solch eine Organisation die wechselhafte Entscheidungen fällt, dennoch Erfolg haben konnte. Hinzu kommt das große Risiko, das mit dem Wechsel zum bewaffneten Widerstand eingegangen wurde.

Außer in drei Fragebögen aus Deutschland, in denen als negative Eigenschaften Mandelas noch „radikal"[43], „militant"[44] und „nicht konsequent in seiner Ideologie"[45] genannt wurden, wusste keiner der Befragten eine Schwäche zu benennen. Dazu kam es unter anderem, da die Öffentlichkeit ihn, wie schon erwähnt, nur als Ikone und Held sehen will und dieses Bild keine Fehler und Schwächen zulässt. Doch auch Mandelas einstiger Kanzleipartner und guter Freund Oliver Tambo beschrieb Mandela als „leidenschaftlich, emotional und empfindlich. Von beleidigendem und herablassendem Verhalten lässt er sich leicht zu Bitterkeit und Rachsucht hinreißen."[46] Und eben diese Beschreibung, zu der noch das Bild Mandelas durch seine Entmythilisierungs-Arbeit kommt, steht im starken Gegensatz zu dem Mandela, den die Menschen aus den Medien kennen, bewundern und lieben. Doch um ein ganzheitlichen, reellen Eindruck von ihm als Person zu bekommen müssen unbedingt zu den durch die

---

[41] Hagemann, Albrecht 2004, S.129.
[42] Mandela, Nelson 1986, S. 195.
[43] Fragebogen 12
[44] Fragebogen 16
[45] Fragebogen 34
[46] Stengel, Richard 2010, S. 25.

Medien betonten Seiten auch seine unbetonten, unterrepräsentierten Seiten wahrgenommen werden.

4 Mythisierte Personen – auch unmythisiert ein Vorbild

Kaum eine lebende Person gab so vielen Straßen, Plätzen und Schulen seinen Namen. Allein dies zeigt, was für ein wichtiges Symbol Nelson Mandela in der Welt verkörpert. Der Wunsch nach Frieden und Freiheit wurde auf ihn projiziert, denn diesen schien er immer schon erfüllen zu können. Eine derartige Projektionsfläche bietet eine jede Ikone und wird somit definiert, egal von welcher Art der Wunsch der Menschen jeweils ist. Zwar bringt solch eine Person viel Hoffnung, doch darf dabei die Realität nicht gänzlich vergessen werden. Denn die „Geschichte ist größer als der einzelne", wie Nelson Mandela einmal sagte.[47]

Jeder Mensch macht Fehler, die in der Öffentlichkeit beachtet werden müssen und nicht ignoriert werden dürfen, wenn dieser Mensch als „echt" und real wahrgenommen wird, da sonst einem Märchen Glauben geschenkt wird. Es ist wichtig, die Geschichten bedeutender Persönlichkeiten, beispielsweise Mandelas Kampf um Gleichberechtigung und Freiheit, auch für die nachfolgenden Generationen zu erhalten und nicht zu vergessen. Da jeder Mensch aber auch Fehlentscheidungen treffen kann, muss dabei beachtet werden. Nelson Mandela erscheint als ein Mythos, eine Ikone, welche aufgrund seiner Leistungen und seinem Lebenswerk keiner unnatürlichen Erhöhung bedarf, sondern auch mit seinen menschlichen Fehlern und Schwächen ein Vorbild für nachfolgende Generationen sein kann.

5 Literaturverzeichnis

Primärquellen:

- Mandela, Nelson: Bekenntnisse. München 2010.
- Mandela, Nelson: Der Kampf ist mein Leben. Dortmund 1986.
- Mandela, Nelson: Der lange Weg zu Freiheit. Hamburg 2007.

Sekundärquellen:

- Baltes, Paul B.; Kliegl, Reinhold: Further testing of limits of cognitive plasticity: Negative age differences in a mnemonic skill are robust. Development Psychology 28. Potsdam 1992.

---

[47] Grünling, Birk 2006, S. 13.

- Grünling, Birk: Der politische Aufstieg Nelson Mandelas. Hannover 2006.
- Hagemann, Albrecht: Nelson Mandela. Köln 2004.
- Krampen, Günter; Reichle, Barbara: Frühes Erwachsenenalter. In: Oerter, Rolf; Montada, Leo (Hrgs.): Entwicklungspsychologie. Berlin 2002.
- Lindenberg, Ulman: Erwachsenenalter und Alter. In: Oerter, Rolf; Montada, Leo (Hrgs.): Entwicklungspsychologie. Berlin 2002.
- Lucius, Robert von: Nelson Mandela und sein Erbe. In: Das Parlament. Aus Politik und Zeitgeschichte. 1/2010. Seite 6-10.
- Oerter, Rolf; Dreher, Eva: Jugendalter. In: Oerter, Rolf; Montada, Leo (Hrgs.): Entwicklungspsychologie. Berlin 2002.
- Stengel, Richard: Mandelas Weg. Liebe, Mut, Verantwortung. Die Weisheit eines Lebens. München 2010.

Internetquellen:

- Dieterich, Johannes: Banal bis herzzerreißend. Online im Internet: http://www.berliner-zeitung.de/newsticker/heute-erscheint-ein-sammelband-zu-nelson-mandela--mit-dem-versprechen--unbekannte-seiten-des-mythos-zu-zeigen-banal-bis-herzzerreissend,10917074,10748196.html (Stand 8.10.2011).
- Wikipedia: Friedensnobelpreis. Online im Internet: http://de.wikipedia.org/wiki/Friedensnobelpreis (Stand 31.10.2011)
- Wikipedia: Liste der Friedensnobelpreisträger. Online im Internet: http://de.wikipedia.org/wiki/Liste_der_Friedensnobelpreisträger (Stand 31.10.2011)
- Wikipedia: Mythos. Online im Internet: http://de.wikipedia.org/wiki/Mythos (Stand 23.10.2011)

Anlage 1: Exemplarischer Fragebogen

Fragebogen

Die Ikone Nelson Mandela

Bitte beantworte die Fragen nur mit deinem eigenen Wissen und deiner eigenen Meinung, um ein aussagekräftiges Ergebnis zu bekommen. Der Fragebogen ist absolut anonym und wird nicht an Dritte weitergegeben, er dient nur als Grundlage für meine Seminararbeit. Danke, dass du dir die Zeit dafür nimmst (:

Alter: __ 10-19   __ 20-29   __ 30-39   __ 40-49   __ 50-59   __ 60+

1. Wissen:

1.   Wer ist Nelson Mandela?

_____

2.   Was war Apartheid?

_____

2. Meinung:

1.   Welche positiven Eigenschaften fallen dir zu Nelson Mandela ein?

_____

_____

2.   Welche negativen Eigenschaften fallen dir zu Nelson Mandela ein?

_____

_____

3.   Wenn du Nelson Mandela treffen könntest, was würdest du ihm sagen?

_____

4. Hat Nelson Mandelas Arbeit deiner Meinung nach das Leben in Südafrika verbessert?

Wenn ja, inwiefern und begründe deine Antwort bitte.

Anlage 2: Zeitungsartikel aus der Fränkischen Landeszeitung vom 19.07.2011 anlässlich Nelson Mandelas 93. Geburtstags

POLITIK   Seite 5

Freudensprünge und Ständchen für Nelson Mandela

Viele Millionen Schulkinder in Südafrika haben Nelson Mandela gestern früh um 8.05 Uhr mit einem Geburtstagsständchen geehrt. Mit dem gleichzeitig gesungenen Lied zum 93. Geburtstag des Nationalidols sollten sie einen Weltrekord für das Guinnessbuch aufstellen. Mandela verbrachte den Tag im Familienkreis in seinem Geburtsort Qunu. Es kamen aber auch offizielle Delegationen zu Besuch. Foto: dpa

BEI GRIN MACHT SICH IHR WISSEN BEZAHLT

- Wir veröffentlichen Ihre Hausarbeit,
  Bachelor- und Masterarbeit

- Ihr eigenes eBook und Buch -
  weltweit in allen wichtigen Shops

- Verdienen Sie an jedem Verkauf

Jetzt bei www.GRIN.com hochladen und kostenlos publizieren